CIELO

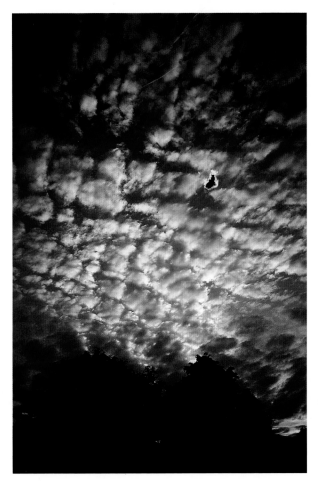

altocúmulos

DESCUBRE LA NATURALEZA

CIELO

DESCUBRE LA NATURALEZA

Marfé Ferguson Delano

NATIONAL GEOGRAPHIC SOCIETY

Washington, D.C.

aurora polar

planeta

Luna

estrella

cometa

estela

cumulonimbo

tornado

relámpagos

estratos

arco iris

El panorama

La atmósfera, una cobija invisible hecha de aire, de unos 960 km de espesor, envuelve a la Tierra como la piel que rodea a una naranja. El aire es la mezcla de gases que respiramos y que nos rodea; es también donde vuelan los papalotes. Una fuerza natural, la gravedad, que atrae a los objetos hacia el centro de un planeta u otro cuerpo celeste, mantiene a la atmósfera unida a la Tierra.

AIRE EN EL EQUIPAJE
Los astronautas no salen sin él –el aire. Ni una pizca hay de él en el espacio exterior, y sí, en cambio, muchos rayos solares dañinos. Por eso los astronautas llevan trajes protectores. El delgado borde azul que brilla al fondo sobre la Tierra es la atmósfera.

UN BUEN ENCUADRE
Desde el espacio, la Tierra se ve azul, debido a que la luz solar se refleja en la atmósfera y los océanos. Las nubes sobre ella, en la capa más baja de la atmósfera, son empujadas por los vientos que llevan los cambios atmosféricos a todo el mundo.

CINCO CAPAS

La atmósfera terrestre tiene cinco capas. En la inferior, o troposfera, vivimos nosotros y, debido a la atracción de la gravedad, en ella se concentran más de las tres cuartas partes del aire atmosférico.

Al ascender a capas más altas, el aire se adelgaza y dispersa porque, conforme la altitud aumenta, la gravedad pierde fuerza. En la capa más alta, la exosfera, ya no hay gravedad y la atmósfera se desvanece en el espacio exterior.

La exosfera se extiende hasta unos 960 km de la Tierra. Muchos satélites orbitan en esta capa.

En la termosfera, entre 80 y 480 km de la Tierra, vuela el transbordador espacial; los meteoritos se funden al llegar aquí.

La mesosfera está a entre 50 y 80 km de la Tierra. Es la región más fría de la atmósfera.

La estratosfera está a entre 16 y 50 km de la superficie terrestre. Los aviones supersónicos vuelan aquí.

La troposfera llega hasta los 16 km de altitud. Los cambios del tiempo, vientos y nubes ocurren aquí.

El cielo cercano

El aire es en general una mezcla de gases de nitrógeno y oxígeno. Como todo lo demás, los gases se componen de diminutas partículas, las moléculas. Al respirar, tus pulmones se llenan de millones de moléculas. El aire es invisible, pero tiene peso propio y siempre ejerce presión contra todo en la Tierra –¡también contra ti! Esa fuerza es la presión atmosférica.

¡SNIF, SNIF!
Échale la culpa al aire cuando percibas el olor de un zorrillo –o de una rosa. El movimiento del aire al respirar lleva los olores hasta tu nariz.

FRENOS DE AIRE
El aire atrapado en el paracaídas frena al paracaidista que desciende suavemente a tierra.

Sin un paracaídas, el paracaidista descendería 9 m en lo que dura un pestañeo.

La gravedad evita que la atmósfera, que pesa 5,000 billones de toneladas, se disperse en el espacio.

PRECIOSO OXÍGENO
¿Vas a escalar un pico? Lleva entonces un tanque de oxígeno. El aire se enrarece a medida que uno asciende, de modo que hay menos oxígeno para respirar.

10

DE AZUL CELESTE

El aire en sí es incoloro, pero la luz blanca del sol contiene todos los colores del arco iris. Cuando esa luz incide en las moléculas del aire, la parte azul de la luz se dispersa. Por eso el azul es el color que vemos en el cielo en un día de sol.

OÍDO ATENTO

El batir de tambores y otros sonidos viajan a unos ¡1190 km por hora! El aire trae las ondas sonoras hasta nuestros oídos.

 # Apoyo vital

La atmósfera actual es perfecta para la vida en la Tierra, pero no siempre fue benigna. No lo fue hasta que aparecieron las plantas; entonces el aire comenzó a cambiar y se pudo respirar. Las plantas usan la luz solar para alimentarse de dióxido de carbono y agua. Durante ese proceso, liberan a la atmósfera el vital oxígeno.

GRACIAS POR RECICLAR

Cuando respires, agradéceselo a un árbol o a una planta. Si no existieran para reciclar el aire, no tendríamos oxígeno.

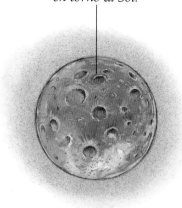

Hace 4600 millones de años, la Tierra se formó de las partículas de una nube de gas en torno al Sol.

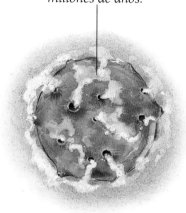

Volcanes arrojaban vapor de agua y dióxido de carbono hace 4000 millones de años.

El vapor de agua formó nubes hace 3000 millones de años. La lluvia durante millones de años formó los océanos.

Hace 2000 millones de años aparecieron las plantas y se fue creando una atmósfera rica en oxígeno.

UN SOPLO DEL PASADO

Pasaron miles de millones de años antes de que la atmósfera terrestre pudiera respirarse. A la vez, cambios radicales ocurrieron en el Planeta.

TENEMOS QUE RESPIRAR
¡Y los demás animales, también!
Al respirar, usamos oxígeno y
exhalamos dióxido de carbono.

*_os animales
_halan dióxido
_ carbono y lo
usan las
plantas.*

Fuente de vida

La atmósfera terrestre es como una envoltura que deja pasar sólo una cierta cantidad de calor solar. Sin ese escudo protector, la Tierra se calentaría demasiado y no podríamos vivir. En la estratosfera, la delgada capa de un gas llamado ozono bloquea el paso de los rayos solares ultravioleta, dañinos para los seres vivos. Pero la capa de ozono es frágil, y se daña cuando se arrojan al aire sustancias químicas.

PAISAJE EN ROJO

A la salida o puesta del sol, el cielo se vuelve rojo, naranja o amarillo. Las partículas de polvo en el aire reflejan esos colores; cuanto más polvo en el aire, más rojo se ve el cielo.

EQUILIBRIO

Sólo un 50% de la energía solar atraviesa la atmósfera hasta llegar a la superficie terrestre, donde es absorbida por el suelo y los océanos. La atmósfera absorbe 20% de la energía solar, y refleja un 30% de regreso al espacio.

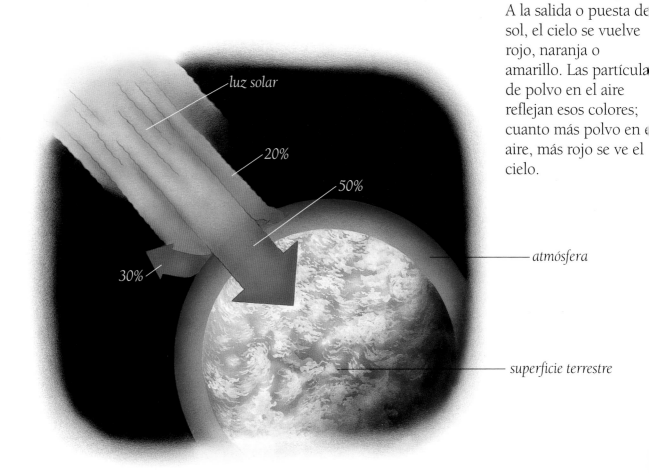

luz solar

20%

50%

30%

atmósfera

superficie terrestre

CONTAMINACIÓN NATURAL
Los volcanes en erupción arrojan polvo y gases a la atmósfera. También los incendios forestales y las tormentas de arena ensucian el aire.

CONTAMINACIÓN INDUSTRIAL
La contaminación industrial y de los automóviles puede romper el frágil equilibrio de la atmósfera.

¡Cuidado! Si se daña la capa de ozono, más rayos solares dañinos llegarán a la Tierra.

15

2 Aire en acción

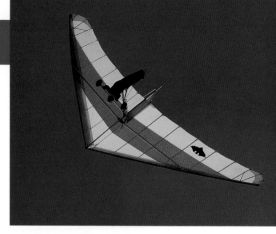

JINETES DEL AIRE
Para subir muy alto, los planeadores buscan remontarse con las corrientes térmicas, corrientes invisibles de aire caliente que suben desde el suelo y se forman cerca de acantilados o colinas empinadas.

¿Sabes qué sucede cuando el aire caliente y el frío se intercambian? ¡Se forma el viento! Al calentarse la superficie terrestre por el Sol, se calienta también el aire cercano a ella. Este aire caliente pesa menos y se eleva, dejando un espacio libre que otra ráfaga de aire frío, más pesado, pasa a ocupar. Este aire frío crea el viento. El aire que se elevó llega tan alto que al final se enfría, baja de nuevo y el ciclo se repite.

¡HASTA LA VISTA!
El aire caliente es más liviano que el aire frío. Por eso un globo inflado con aire caliente se eleva. Una vez en el cielo, el viento puede llevarlo a miles de kilómetros.

Con sus anchas alas, el águila aprovecha las corrientes ascendentes.

ALTOS VUELOS

Las águilas se remontan a grandes alturas sobre corrientes térmicas. Los pilotos de planeadores se fijan en aves como águilas y gaviotas, que vuelan alto, en busca de columnas de aire ascendente.

CON EL VIENTO

En algunas partes del mundo el viento es tan fuerte y constante en una sola dirección que los árboles crecen en ese mismo sentido.

La tierra se calienta y se enfría más deprisa que el agua. En un día de sol, el aire sobre la tierra se calienta rápidamente y se eleva. Aire frío del mar pasa a ocupar ese espacio y se forma la brisa. De noche, sucede lo contrario.

17

Recio poder

El viento moldea incansable el paisaje arrastrando arena y tierra y erosionando las rocas. Los vientos fuertes llevan polvo, arena y agua por todo el mundo; la brisa, más suave, arrastra cerca semillas, polen y animales pequeños. Con el viento se impulsan veleros y molinos.

¡Todos a bordo! El viento lleva polvo, arena y humedad a miles de kilómetros.

ALTAS TORRES
Movidas por el viento, las aspas de un molino hacen girar engranajes en su interior. Éstos impulsan maquinaria para moler granos, producir electricidad, o, como aquí, levantar agua.

¡A VOLAR!
La pelusa ayuda a las semillas del algodoncillo a volar con la brisa. El algodoncillo es una de las muchas plantas que esparcen sus semillas con el viento.

Arañas recién eclosionadas son arrastradas muy lejos por el viento, en busca de un nuevo hogar.

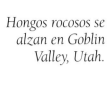
Hongos rocosos se alzan en Goblin Valley, Utah.

SETAS PETREAS

El viento dio a estas piedras formas fantásticas, desgastándolas durante siglos con ayuda de la arena, hasta esculpir estos hongos gigantes.

OLVO Y ARENA

uertes vientos sobre la tierra eca levantan muros de polvo n movimiento. Aquí, una ormenta de arena en África.

Globalización

Los llamados vientos dominantes siguen un patrón fijo y son desatados por la acción solar. El aire caliente encima del ecuador, donde los rayos solares son más fuertes, se eleva; viaja hacia los polos, se enfría, baja de nuevo y regresa al ecuador, comenzando de nuevo el recorrido. Esta circulación global del aire crea los vientos dominantes y las llamadas corrientes de chorro, de grandes altitudes.

LOS MÁS ALTOS
Las corrientes de chorro, como ésta sobre Egipto, circulan a gran altura, sobre los vientos dominantes. Avanzan de oeste a este y se forman donde el aire caliente y el frío se juntan.

Los vientos alisios soplan de este a oeste. Cristóbal Colón pensó que éstos le llevarían al oeste, hasta China. Y hacia allí lo llevaron, en efecto; pero Colón se encontró en el camino con el Nuevo Mundo.

VUELTAS SIN PARAR

La rotación terrestre desvía a la derecha a los vientos al norte del ecuador, y a la izquierda a los del sur. Esto se llama efecto Coriolis, por el ingeniero francés que lo descubrió.

Si la Tierra no girara sobre sí misma, los vientos soplarían rectos al norte o al sur, entre el ecuador y los polos.

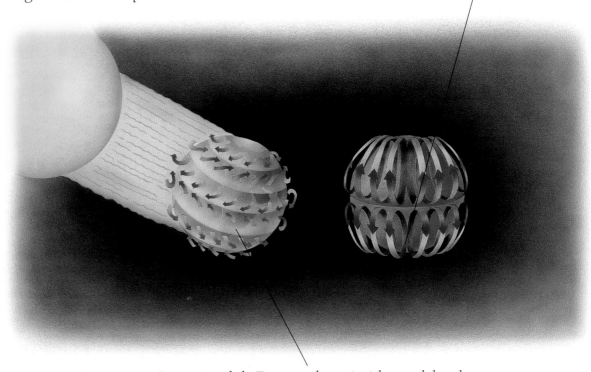

La rotación de la Tierra produce seis ciclos, o células, de vientos dominantes, que soplan en dirección este y oeste en la troposfera. Según la dirección en que soplen, se llaman alisios, vientos del oeste o vientos del este.

21

4 Nubes

Las nubes se componen de millones de gotitas o cristales de hielo que flotan en el cielo. De día, se ven blancas porque las gotitas reflejan la luz solar, y si son muy espesas se ven grises porque a través de ellas no pasa la luz. Las nubes nos dan la lluvia que necesitamos para la vida y, como una cobija, aíslan a la Tierra: de día, impiden el paso de gran parte del calor solar, evitando que la Tierra se caliente demasiado; de noche, retienen el calor.

Los vientos altos cambian rápidamente la forma de las nubes.

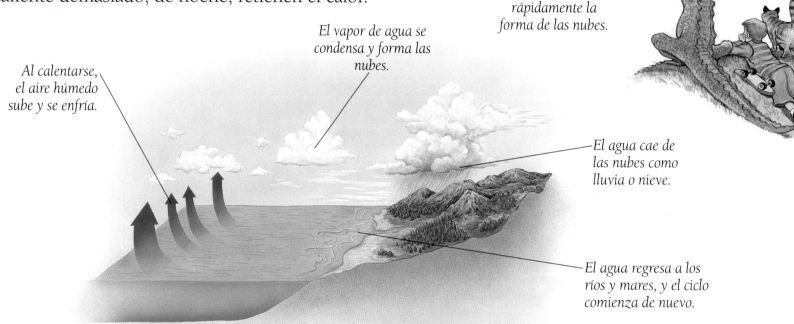

El vapor de agua se condensa y forma las nubes.

Al calentarse, el aire húmedo sube y se enfría.

El agua cae de las nubes como lluvia o nieve.

El agua regresa a los ríos y mares, y el ciclo comienza de nuevo.

CONEXIÓN CON LAS NUBES

El aire que nos rodea está lleno de agua, aunque no podemos verlo. Ello se debe a que la humedad está en forma de un gas, el vapor de agua. La cantidad de vapor de agua que contiene el aire depende de su temperatura. El aire caliente contiene más vapor de agua que el aire frío. Cuando ya no puede contener más, decimos que el aire está saturado. El vapor de agua se convierte entonces en gotitas de agua, que forman las nubes. Este proceso se llama condensación. La recirculación del agua entre los océanos, las nubes y el suelo se llama ciclo del agua.

HERMOSA PINCELADA ▶

Las nubes no siem son blancas o grise La luz del ocaso ba a estas nubes de tonos naranja y dorado.

Una colección

Si te gusta observar el cielo, probablemente habrás advertido que las nubes pueden tener una gran diversidad de tamaños y formas. De ellas hay tres tipos básicos: cúmulos, estratos y cirros. A veces en el cielo pueden verse al mismo tiempo dos o tres tipos distintos de nubes. Las nubes que en su nombre llevan la palabra "nimbo" son las que producen lluvia.

CHORRO DE NUBES
La estela de condensación que deja tras de sí un avión al volar a gran altitud es en realidad un tipo de cirros. La estela se forma cuando el vapor de agua del tubo de escape de un avión a reacción se congela en cristales de hielo.

LOS ESTRATOS
Los estratos son nubes a baja altura, en capas suaves, espesas, de gris intenso, que cubren los cerros. Producen llovizna o lluvias ligeras.

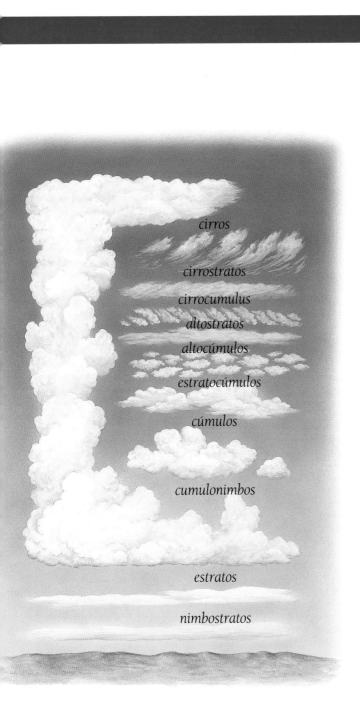

cirros

cirrostratos

cirrocumulus

altostratos

altocúmulos

estratocúmulos

cúmulos

cumulonimbos

estratos

nimbostratos

CIRROS

Llamadas también colas de caballo o pinceles por su forma distintiva, estas nubes fibrosas y delicadas se componen de diminutos cristales de hielo. Son las que se encuentran a mayor altura y aparecen cuando el tiempo anuncia un cambio.

MONTÓN DE NUBES

La forma de una nube depende de su altitud y de la velocidad y dirección del viento. Arriba, los diez tipos más comunes de nubes, según su promedio de altitud.

CÚMULOS

Cuando flotan en un cielo azul, estas nubes blancas, esponjadas y densas suelen ser indicio de buen tiempo. Pero vigila si aumentan de tamaño, ¡podrían dejar caer tormentas cerca de donde estás!

27

Niebla, escarcha, rocío

¿Habrás estado, sin saberlo, en una nube? La niebla es una nube baja que se forma al oscurecer, cuando el suelo y el aire encima de él se enfrían. El vapor de agua del aire enfriado se condensa en gotitas que quedan suspendidas en forma de niebla. Si esto sucede a nivel del suelo, unas gotas de agua llamadas rocío se forman sobre la hierba y las hojas.

ESCARCHADO

Si el aire húmedo cerca del suelo se enfría por debajo del punto de congelación, el vapor de agua que contiene se congela y forma la escarcha, como en estos escaramujos. Con la temperatura bajo cero, en lugar de rocío se forma escarcha, cuyos cristales de hielo puedes admirar con ayuda de una lupa.

DIAMANTES SOBRE TELA▶

Gotas de rocío brillan como diamantes en tela de una araña. En la mañana, el sol calienta el aire y el rocío vuelve a ser vapor agua, dejando seca la tela.

¿CÓMO LLEGAR AL MUELLE?

La niebla marina se crea cuando el aire caliente y húmedo sobre el agua fría se condensa en finas gotitas cuyo diámetro es de unos 0.12 mm, menos de la mitad de lo que mide el punto final de esta frase.

ALLÁ EN EL VALLE...

Franja de niebla sobre un valle en los montes Grand Teton en Wyoming. La niebla se evapora, o se vuelve vapor de agua, cuando el sol matutino calienta el aire. Pero a veces en invierno se evaporan sólo los bordes de la capa de niebla, dejando una espesa franja que dura horas o incluso días.

El aire caliente y húmedo que sube de una tetera se condensa en una nube de vapor.

La humedad del vaho al exhalar se condensa en el aire frío formando una pequeña niebla.

La bebida fría enfría el aire que rodea al vaso, y fuera de él se acumulan gotitas como perlas.

CONDENSACIÓN EN TODAS PARTES

En todas partes vemos ejemplos de condensación, que crea la niebla y las nubes.

29

5 Precipitación

El agua que cae en forma de lluvia, nieve, aguanieve o granizo se llama precipitación. Ésta es causada por la acumulación de diminutas gotitas de agua o cristales de hielo que son empujados por corrientes de aire en el interior de una nube. Cuando las partículas se vuelven demasiado pesadas para seguir flotando en la nube, se precipitan a tierra.

¡VAYA PIEDRAS!

El granizo son granos de hielo del tamaño de un guisante, o más, producido por nubes de tormenta. La mayor piedra de granizo registrada, del tamaño de una toronja, pesó 771 g.

AGUACERO DE ABRIL

Alrededor de un millón de gotitas en la nube forman una sola gota de lluvia. Las gotas de lluvia, por cierto, tienen forma aplastada y no de lágrimas.

Un leve cambio de temperatura vuelve la lluvia en nieve o la nieve en lluvia.

AGUAS MIL

En las nubes, las gotitas de agua y los cristales de hielo chocan, se mezclan y su peso aumenta. Con el aire caliente, caen como lluvia. Si el aire es muy frío, se vuelven nieve o aguanieve.

ANEGADO▶

Las grandes inundaciones, como la que anegó esta granja cerca del río Missouri en 1993, se deben a largos periodos de lluvia abundante. Las inundaciones causan daño materiales y pérdida de vidas.

¡Que nieve!

El cielo se vuelve mágico cuando nieva –más aún si esto ¡nos libra de un día de escuela! La nieve nace como cristales de hielo en la parte más alta y fría de las nubes. Al caer en el aire helado, los cristales se combinan formando los copos de nieve.

¡Mira esto! Cuando nieve, toma una hoja de papel negro y una lupa. Deja que caigan copos sobre el papel y obsérvalos a través de la lupa, tratando de que no se mezclen con tu aliento. ¿Qué formas descubres?

FANTASÍA INVERNAL
Una ventisca envuelve a un alce en el Parque Nacional de Yellowstone. Las tormentas de nieve con fuertes nevadas y fuertes vientos impiden completamente la vista.

QUE FORMA TIENEN

Los copos de nieve tienen una gran variedad de hermosas formas, pero la mayoría son hexagonales, o sea, tienen seis lados. Un solo copo puede estar formado de 50 o más cristales de hielo, apiñados de manera irregular.

GROSOR DE LOS COPOS

Cuando la temperatura es muy baja y el aire seco, los copos son pequeños y caen en forma de polvillo –ideales para esquiar. En un aire más caliente, con más humedad, los copos son más grandes y contienen más agua, excelentes para hacer bolas de nieve.

HIELO SECO

Los copos de nieve son más grandes que las gotas de lluvia, pero contienen menos agua. Tendrías que fundir 250 mm, o más, de nieve para la cantidad de agua que hay en 25 mm de lluvia.

Arco iris

Después de llover, podría aparecer el arco iris. El mejor momento para verlo es justo después de una tormenta, cuando vuelve a salir el sol. Sus rayos inciden en las gotas aún en el aire y la luz se divide en siete colores: rojo, naranja, amarillo, verde, azul, añil y violeta. Igual que un prisma, las gotas de lluvia difunden la luz en colores y los reflejan. Si estás donde esto sucede, verás el arco iris en todo su esplendor.

Haz tu propio arco iris con una manguera de jardín. Sitúate de espaldas al sol en un día caluroso y claro y rocía, apuntando hacia el aire, enfrente de ti. ¡Listo y fácil!

MÁGICA NEBLINA
Arco iris frente a las Cataratas Victoria en Zimbabwe, formado al refractarse la luz solar en las gotitas de agua pulverizadas de las cataratas. La vista del arco iris depende de la posición del sol y el observador, y del movimiento de las gotitas de agua. No hay dos personas que vean un mismo arco iris.

ARHELIO

parhelio se forma
uando el sol está bajo
el horizonte y sus
yos se curvan y se
flejan en los cristales
hielo suspendidos en
aire. Vista espectacular
un parhelio captada
los cielos de Virginia
ccidental.

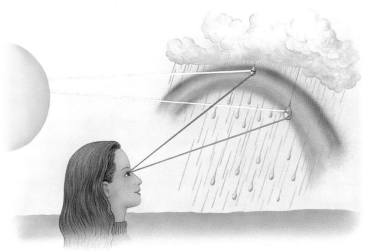

EL PORQUE

La luz solar, al atravesar una
gota de lluvia, se curva y se
separa en colores, que luego
se reflejan al otro lado de la
gota. Millones de gotas que
curvan y reflejan la luz
producen las distintas franjas
de colores del arco iris.

35

6 Sala de máquinas

Cada día, alrededor de 40,000 tormentas se desatan en algún punto de la Tierra, desencadenando aguaceros torrenciales, furiosos vientos, relámpagos y truenos. Las tormentas tienen su origen en los cumulonimbos, llamadas también nubes de tormenta. Estas nubes masivas se elevan a 18 km o más, llegando hasta la estratosfera.

LAS MÁS POTENTES ▶

Las torres de cumulonim
contienen hasta 110,000
toneladas de agua, parte c
la cual cae en forma de
granizo. Gracias al radar,
pilotos pueden esquivarla
rodeándolas.

Fuertes corrientes de aire ascendente elevan más a la nube y forman el cumulonimbo.

Aire caliente y húmedo sube, se enfría, se condensa y forma el cúmulo.

CÓMO NACE UNA TORMENTA

Las tormentas son más frecuentes en verano, cuando el aire es caliente y húmedo. Corrientes de aire ascendentes y descendentes crean fuertes vientos en el interior del cumulonimbo. Una tormenta dura una o dos horas, hasta que aclara.

La cabeza de l nube se extienc forma de yunq en la estratosfe

De la parte alt gotitas de agua cristales de hiel comienzan a ca

Con la precipitación s crean corriente aire descenden

36

Relámpagos y truenos

Los imponentes relámpagos y truenos que nos sobresaltan en una tormenta se deben a una forma de energía, la electricidad. Ésta se acumula en la nube cuando gotitas de agua y cristales de hielo llevados por las corrientes de aire ascendentes y descendentes chocan entre sí. Cuando se ha acumulado suficiente electricidad, una intensa chispa, el relámpago, salta de la nube.

La gente solía creer que los relámpagos se debían a que un dios furioso lanzaba rayos desde el cielo.

Para calcular a qué distancia cae un rayo, cuenta los segundos entre el relámpago y el sonido del trueno y divide ese número por 3. El resultado es la distancia en km.

La temperatura de un rayo puede superar los 16,000°C.

¡FUSH, CRASH, BUUM!

El relámpago calienta el aire adyacente y éste se expande. Esto provoca ondas sonoras, los truenos. El sonido viaja más despacio que la luz; por eso siempre vemos antes el relámpago y después oímos el trueno.

GRAN ACTIVIDAD

¡Caen relámpagos en la Tierra unas cien veces por segundo. Un relámpago contiene electricidad para abastecer a una casa todo un año!

Si estás nadando, sal del agua de inmediato.

Agáchate a tierra si estás en un descampado.

No te cobijes en los árboles; atraen a los rayos.

Aléjate de rejas y tuberías de metal; conducen electricidad.

RESGUÁRDATE

En una tormenta, lo mejor es no salir al exterior y protegerse de los rayos. Si la tormenta te sorprende al aire libre, recuerda estas recomendaciones.

7 Muy mal tiempo

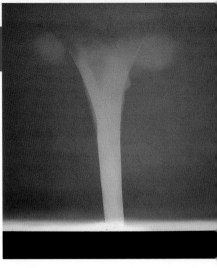

TROMBA MARINA
Una tromba, como ésta en el Go[l]
de México, es un tornado que se
forma en el mar o en un lago.

Girando sobre su eje a más de 480 km por hora, los tornados son los vientos más rápidos y potentes de la Tierra. Producidos por violentas tormentas, estos torbellinos en forma de embudo descienden desde las nubes de tormenta hasta el suelo, donde destruyen cuanto encuentran a su paso. El color de un tornado depende del color de la tierra y los restos que succiona con su furia.

RASTRO DE DESTRUCCIÓN
Como la manguera de una aspiradora gigantesca, el embudo de un tornado succiona árboles, tejados, automóviles y lo que encuentra a su paso. Un tornado suele durar menos de 15 minutos, suficientes para causar daños mortales.

SIN REFUGIO
Animales pastan en África mient[ras]
un remolino de aire caliente avan[za]
desde el llano seco.

TORBELLINO DE TERR[O]
Un oscuro tornado en Kans[as]
en medio del "Corredor de
Tornados" –una zona en el
centro de Estados Unidos
donde se producen más de
700 tornados al año.

40

41

8 Más allá de nosotros

Donde termina la atmósfera terrestre, comienza el resto del universo, esto es, todo lo que existe en el espacio, el cielo que vemos, y más allá. La Luna, nuestro vecino más cercano en el universo, es un satélite, o pequeño cuerpo celeste que orbita alrededor de otro más grande. La Luna tarda cerca de un mes en dar una vuelta a la Tierra.

La Luna, a 386,00 km de la Tierra, ¡aún puede ejerce su atracción!

MAREA ALTA
Las mareas, o ascenso y descenso periódicos de las aguas, se deben a la fuerza gravitatoria de la Luna sobre los océanos.

El Telescopio Espacial Hubble

BUENA VISTA ▶
Desde la Luna, la Tierra se ve con total claridad, porque la Luna ¡no tiene atmósfera que nuble la vista! Tampoco tiene agua ni ningún signo de vida.

telescopio

binoculares

A TRAVES DEL CRISTAL
Para que la atmósfera no enturbie la vista de los innumerables objetos que brillan en el cielo nocturno, se usan instrumentos que permiten observarlos con mayor nitidez.

telescopio d observatori la cima de monte

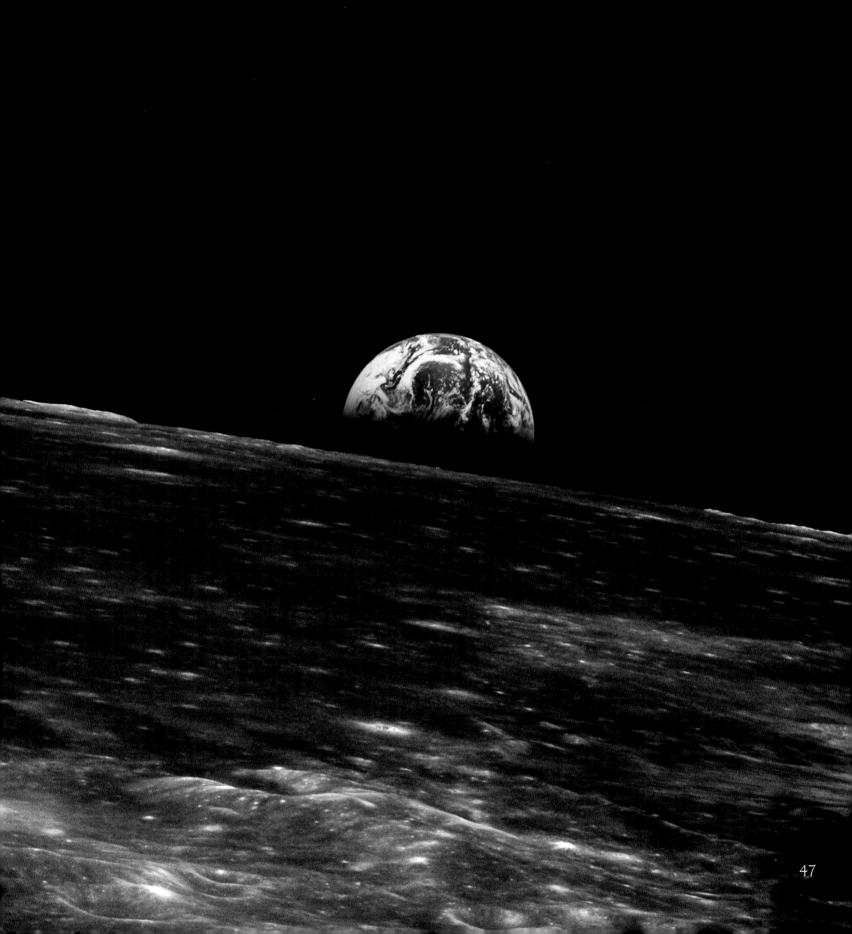

Soberano Sol

Al igual que la Luna gira en torno a la Tierra, ésta gira en torno al Sol. El Sol es una estrella, una enorme esfera de gases incandescentes, y es el centro del grupo de planetas y otros cuerpos celestes que forman nuestro sistema solar. El Sol nos da su luz y su calor desde una distancia de 150 millones de km. Es tan grande que más de un millón de planetas Tierra cabrían dentro de él.

BLOQUEO SOLAR ▶
Cuando un cuerpo celeste se interpone frente a otro, ocultándolo todo o una parte de él, ocurre lo que llamamos eclipse. En un eclipse de Sol, la Luna se interpone entre el Sol y la Tierra, como vemos aquí, y sólo es visible la corona o atmósfera exterior del Sol.

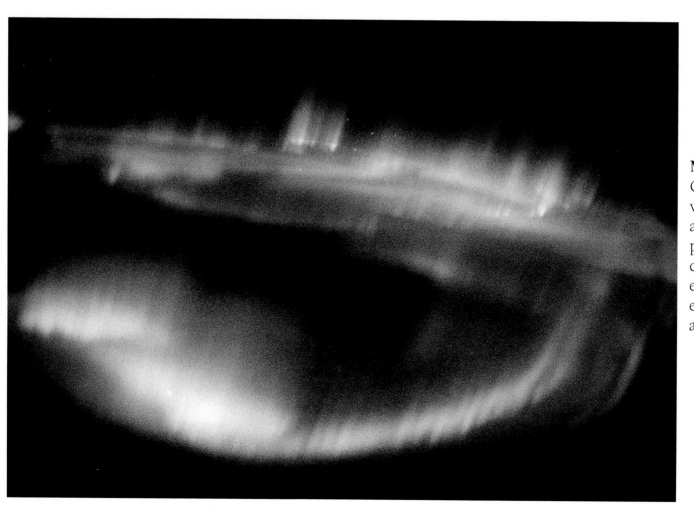

MAGIA DE LUZ
Como un luminoso velo, la aurora aparece en el cielo polar cuando diminutas partículas emitidas por el Sol entran en la atmósfera terrestre.

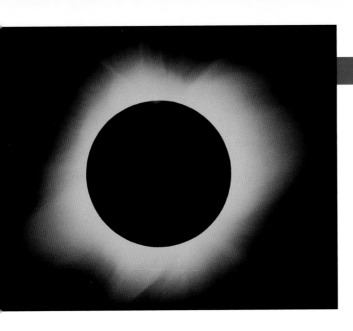

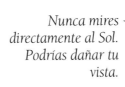 *Nunca mires directamente al Sol. Podrías dañar tu vista.*

TURBULENCIA SIN FIN

El Sol nunca está en calma. Gases en ebullición danzan en su superficie y potentes llamaradas o erupciones lanzan partículas con carga eléctrica al espacio.

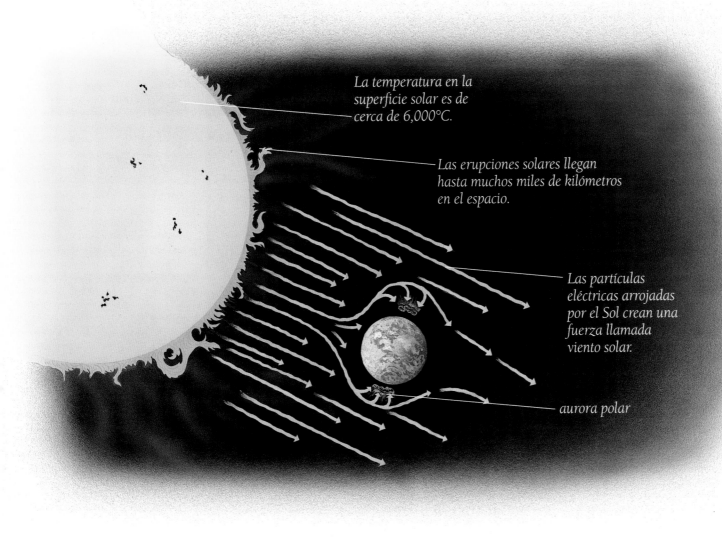

La temperatura en la superficie solar es de cerca de 6,000°C.

Las erupciones solares llegan hasta muchos miles de kilómetros en el espacio.

Las partículas eléctricas arrojadas por el Sol crean una fuerza llamada viento solar.

aurora polar

49

Poder planetario

Además de la Tierra, se conocen otros ocho planetas en nuestro sistema solar. Como la Tierra, todos giran sobre su eje en su viaje alrededor del Sol. Aunque tienen atmósferas, ninguna parece adecuada para la vida que nosotros conocemos. Algunos planetas tienen una o más lunas.

MARTE
La toma desde un satélite revela que una nube azulada cubre a Marte. El polvo rojo su atmósfera hace que, desde la Tierra, lo veamos rojo.

JÚPITER
Con un telescopio se aprecia su Gran Mancha Roja, una nube de tormenta mayor que la Tierra. El mayor de los planetas, parece una lenta estrella brillante.

SATURNO
Desde la Tierra, parece una estrella amarillenta. Con un telescopio se ven sus anillos, formados por millones de rocas y hielo.

VENUS
Venus es el astro que despide más brillo, a excepción del Sol y la Luna. Espesas nubes formadas por ácido flotan en su atmósfera y le dan un brillo amarillento.

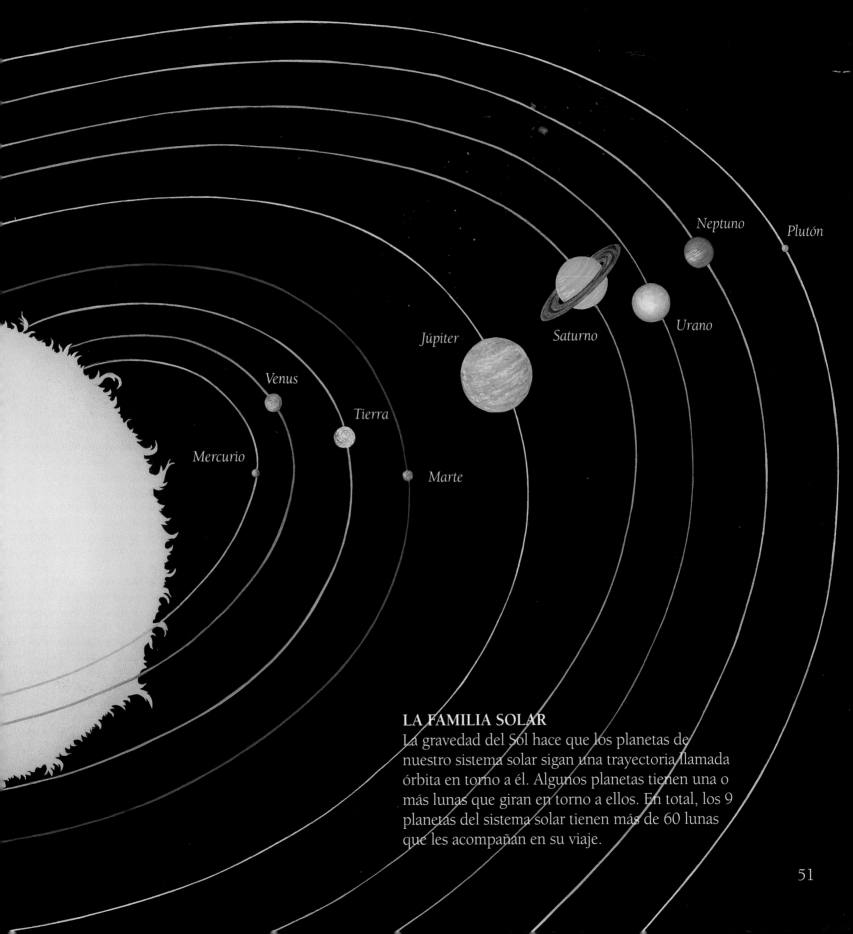

Neptuno

Plutón

Saturno

Urano

Júpiter

Venus

Tierra

Mercurio

Marte

LA FAMILIA SOLAR
La gravedad del Sol hace que los planetas de
nuestro sistema solar sigan una trayectoria llamada
órbita en torno a él. Algunos planetas tienen una o
más lunas que giran en torno a ellos. En total, los 9
planetas del sistema solar tienen más de 60 lunas
que les acompañan en su viaje.

51

Visitantes del cielo

Los asteroides son trozos de roca que giran en torno al Sol como pequeños planetas. Los meteoros, más pequeños aún, son fragmentos de asteroide o de polvo de cometas. Los cometas son trozos de hielo y polvo procedentes de los límites exteriores del sistema solar. De vez en cuando, estos visitantes del espacio exterior ¡aterrizan en la Tierra!

INVASOR EXTRATERRESTRE

Los meteoros suelen desintegrarse al llegar a unos 80 km de la Tierra. Los que logran traspasar la atmósfera y llegar al suelo se llaman meteoritos. El de aquí abajo, hallado en Rusia, de casi 10 cm de largo, pesa unos 450 g. El mayor meteorito conocido pesa 60 toneladas. Se estrelló en la prehistoria en lo que hoy es África.

ESTRELLAS FUGACES

Así suelen llamarse los meteoros, aunque no son estrellas, en realidad. Son pequeñas rocas procedentes del espacio, la mayoría del tamaño de un guijarro, que se incendian al entrar a la atmósfera terrestre, dejando una estela luminosa. Donde mejor puedes ver un meteoro es en el campo, en la noche, lejos de las luces de la ciudad.

¡VAYA RUIDO!

Un meteorito del tamaño de un vagón de ferrocarril se estrelló en el desierto de Arizona hace unos 50,000 años, produciendo un cráter en forma de tazón de 1280 m de ancho. Por suerte, los meteoritos de este tamaño rara vez colisionan contra la Tierra.

VISITANTES DISTINGUIDOS

En 1997, el cometa Hale-Bopp fue el visitante más brillante que pudimos ver desde hacía más de 400 años. Cuando, en su órbita, los cometas se acercan al Sol, se funde su hielo; a su cabeza nubosa le sigue entonces una cola de millones de kilómetros de gas y polvo.

Hay asteroides de muchas formas y tamaños. El más grande mide 965 km de diámetro, pero la mayoría mide unos pocos km.

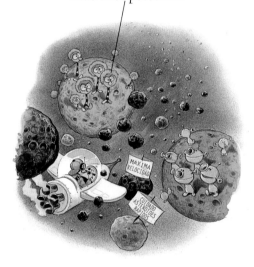

ASTEROIDES A LA VISTA

Entre Marte y Júpiter está el cinturón de asteroides, una región llena de enormes rocas que giran en torno al Sol. La mayoría de los asteroides están ahí, pero otros a veces llegan a acercarse a la Tierra.

53

Las estrellas

Incluido el Sol, las estrellas que vemos sin ayuda de telescopios son parte de la Galaxia de la Vía Láctea. Una galaxia es un enorme grupo de estrellas sostenidas juntas por la gravedad. En las galaxias hay miles de millones de estrellas, y hay miles de millones de galaxias en el universo. La estrella más cercana a nuestro Sol está a más de 40 billones de km de la Tierra —una distancia corta en la vastedad del cielo.

GALAXIA, DULCE HOGAR
La Galaxia de la Vía Láctea, que se ve como una estela de leche en el cielo, está formada por más de cien mil millones de estrellas. Nuestro sistema solar se encuentra a dos tercios del camino entre el centro de la Vía Láctea y su límite.

ESTRELLITA QUE BRILLAS
Los antiguos agruparon a las estrellas en formas llamadas constelaciones y les dieron nombres. Aquí vemos la constelación de Canis Major, o Can Mayor. Las estrellas parecen titilar en lo alto debido a que el aire está en constante movimiento.

UNE LOS PUNTOS
Con un poco de imaginación las estrellas ¡forman un perro! El Can Mayor tiene la estrella que más brilla en el cielo: Sirio, o estrella del Perro.

Índice

Las **negritas** indican ilustraciones.

Aguanieve 30, 58
Aire 6, 8–11, 33, 54; circulación **16**, 20, **21**; condensación 24, **26**, 28, **29**, 58; contaminación 14–15 ; corrientes térmicas 16–17; expansión 38; humedad 44, 58; partículas de polvo 14
Arco iris 11, **34**, **35**
Asteroides 52; cinturón de asteroides **52**
Atmósfera 6, **8**, 9, **10**, 12, 46, 48, 50, 58; contaminación 14–15; reflexión de los rayos solares 8, **14**

Bosques tropicales 22

Capa de ozono 58; daño a 14–15
Ciclo del agua **24**
Ciclones 42
Cielo 6, **14**; cambios de color 11, 14; instrumentos de observación **46**
Climas 22–23
Cometa Hale-Bopp **53**
Cometas 52, **52**; explosión 57
Constelaciones **54–55**
Corriente de chorro **20**
Cráteres **52**, 58

Desierto de Namib, Namibia **23**
Dióxido de carbono 12–13, 58

Ecuador 20–23, 58
Efecto de Coriolis 21
Electricidad 18, 38
Erupciones solares 49
Escarcha 28

Estaciones: diagrama **22**
Estratosfera **9**, 14, 36
Estrellas 6, **54–55**, 57; *ver también* Sol
Estrellas fugaces *ver* Meteoros
Exosfera 9

Galaxia de la Vía Láctea **54**
Galaxias 54, 58
Globo de aire caliente **16**
Granizo 30, 36
Gravedad 8–10, 51, 58

Hielo 52; cristales 27–28, 30–33, 35–36, 58; cueva de **23**; *ver también* Granizo; Nieve
Huracanes **42–43**

Inundaciones **31**

Júpiter (planeta) **50–51**; Gran Mancha Roja 50

Luna **3**, 6, 46; eclipse de Sol 49; gravedad 46; halo **56**; órbita en torno a la Tierra 58
Luz 22, 24; velocidad de la **57**
Lluvia 23–24, 26, 30–31, 56; refracción de la luz 34

Marte (planeta) **50–51**
Mercurio (planeta) **51**
Mesosfera **9**
Meteoritos 9, **52**
Meteorólogos 45, 58
Meteoros 52–53, **52**
Moléculas 10, 58
Molinos de viento **18**

Neptuno (planeta) **51**
Niebla **29**; niebla marina **28**

Nieve 24, 30, **32**; copos de nieve **32–33**
Nubes 6, 9, **20**, 24, **25**, 26, 28, 30, **36–37**, 38, 43, 50; altocúmulos **1**, **27**; altostratos **27**; cirrocúmulos **27**; cirros **26–27**, 56; cirrostratos **27**; cumulonimbos **27**, **36–37**; cúmulos **27**; estratocúmulos **27**; estratos **26–27**; formación de 12, **24**, **36**; lenticulares **57**; nimbostratos **27**
Nubes de tormenta **36–37**, 38

Océano Atlántico: huracanes 42
Océano Índico: tifones 42
Océano Pacífico: tifones 42
Océanos 8, 12, 24; mareas 46
Ondas sonoras 11, 38
Oxígeno 12, 13

Parhelio **35**; formación 35
Planetas 6, **50–51**, 58; *ver también* Tierra
Plantas **12**; primera aparición 12
Plutón (planeta) **51**
Polo Norte 20–21, 58
Polo Sur 20–21, 23, 58
Precipitación 30

Relámpagos 36, **38**, **39**, 56
Rocas: formaciones **19**; erosión del viento 18–19; planetas 50; *ver también* Asteroides; Meteoritos
Rocío **28**, **29**

Saturno (planeta) **50–51**
Sirio (estrella) **54**
Sistema solar **46–55**
Sol 6, **11**, 22, 48, **49**, 54; corona 49; gases 12, 48; gravedad 51;

luz 11, 22, 24, 58; ocaso **24–25**; planetas **50–51**; radiación ultravioleta 14–15, 58; rayos 20; temperatura 49; viento solar 49

Termosfera 9
Tiempo 22, 27; predicción **44–45**
Tierra (planeta) 6, **8**, **10**, 24, 30, **46**, **47**, **51**, 52, 54, 58; absorción de rayos solares 15; formación **12**; hemisferios 22, 58; órbita alrededor del Sol 22, 48; polos 20-21, 23, 58; rotación 21
Tifones 42
Tormentas 27, 36, **38–39**; recomendaciones de seguridad 39
Tormentas de arena 15, **19**
Tornados 40, **40–41**, 56
Tromba de mar **40**
Troposfera **9**
Trueno 38
Tunguska (región), Rusia: bosque arrasado por explosión de cometa **57**

Universo 6, 46, 54, 57–58
Urano (planeta) 51

Venus (planeta) **2–3**, **50–51**
Vientos 6, 9, 16-17, **20**, 20–21, 36, 58; efecto Coriolis **21**; energía 18; erosión 18–19; *ver también* Huracanes; Tormentas de arena; Tornados
Volcanes: emisiones de gases 12, 15 erupción **15**;

Créditos

arco iris

Publicado por

The National Geographic Society
Reg Murphy, *President*
 and Chief Executive Officer
Gilbert M. Grosvenor,
 Chairman of the Board
Nina D. Hoffman,
 Senior Vice President
William R. Gray, *Vice President and Director, Book Division*

Colaboraron en este libro

Barbara Lalicki, *Director of Children's Publishing*
Barbara Brownell, *Senior Editor and Project Manager*
Marianne R. Koszorus, *Senior Art Director and Project Manager*
Toni Eugene, *Editor*
Alexandra Littlehales, *Art Director*
Susan V. Kelly, *Illustrations Editor*
Marfé Ferguson Delano, *Researcher*
Jennifer Emmett, *Assistant Editor*
Meredith Wilcox, *Illustrations Assistant*
Dale-Marie Herring, *Administrative Assistant*
Elisabeth MacRae-Bobynskyj, *Indexer*
Mark A. Caraluzzi, *Marketing Manager*
Vincent P. Ryan, *Manufacturing Manager*
Lewis R. Bassford, *Production Project Manager*

Reconocimientos

Agradecemos la ayuda de Tom Kierein, meteorólogo del WRC-TV en Washington, D.C., *Scientific Consultant*. Damos las gracias también a John Agnone y Rebecca Lescaze, National Geographic Book Division, por sus orientaciones y sugerencias.

Créditos a las ilustraciones

CUBIERTA: Thomas Ives
Fotografías interiores de Earth Scenes Division of Animals Animals Enterprises.
Material de presentación: 1 John Lemker. 2-3 Bruce Davidson. 4 (de arriba abajo), NASA; Farrell Grehan; Johnny Johnson; Fotografía original de la NASA impresa de una imagen digital © 1996 Corbis. 5 (de arriba abajo), Bates Littlehales; Fotografía original de la NASA impresa de una imagen digital © 1996 Corbis; Jerry Schad/Photo Researchers. 6-7 (arte), Carol Schwartz. 8 (ambas) NASA. 9 (arte), Carol Schwartz. 10 (arte), Robert Cremins. 10 (de arriba abajo), Richard Kolar; Zig Leszczynski; Mike Andrews. 11 (izquierda), Francis Lepine; (derecha), Photosafari (PVT) Ltd.
Apoyo vital: 12 (arte), Robert Cremins. 12 Farrell Grehan. 13 Danny Lehman. 14 (arte), Carol Schwartz. 14 David J. Boyle. 15 (arte), Robert Cremins. 15 (izquierda), Dieter & Mary Plage/Survival/OSF; (derecha), Kim Westerskov/OSF.
Aire en acción: 16 (arriba), Michael Dick; (abajo), Ernest Wilkinson. 17 (arte), Robert Cremins. 17 (arriba), Johnny Johnson; (abajo), Sam Abell, NGP. 18 (arte, ambas), Robert Cremins. 18 (izquierda), E.R. Degginger; (derecha) Lowell Georgia. 19 (superior), John Gerlach; (inferior), Michael Fogden. 20 Fotografía original de la NASA impresa de una imagen digital © 1996 Corbis. 21 (arte, arriba), Robert Cremins; (arte, abajo), Carol Schwartz.
El tiempo: 22 (arte), Robert Cremins. 22 Bates Littlehales. 23 (arriba), Anthony Bannister; (abajo), James Brandt.
Nubes: 24 (arte, arriba), Robert Cremins; (arte, abajo), Carol Schwartz. 25 Bates Littlehales. 26 (superior), Harold E. Wilson; (inferior), Bates Littlehales. 27 (arte), Carol Schwartz. 27 (superior), John Lemker; (inferior), Richard Kolar. 28 (izquierda), Scott W. Smith; (arriba, derecha), Nancy Rotenberg; (abajo, derecha), Ray Richardson. 29 (arte), Robert Cremins. 29 John Gerlach.
Precipitación: 30 (arte), Robert Cremins. 30 (superior), Robert A. Lubeck; (inferior), Carson Baldwin, Jr. 31 Charlie Palek. 32 (arte), Robert Cremins. 32 J.H. Robinson. 33 (todas), R.F. Sisson. 34 (arte), Robert Cremins. 34 PhotoSafari (PVT) Ltd. 35 (arte), Carol Schwartz. 35 Bates Littlehales.
Sala de máquinas: 36 (arte), Carol Schwartz. 37 John Gerlach. 38 (arte, ambas), Robert Cremins. 39 (arte), Warren Cutler. 39 Michael Stoklos.
Muy mal tiempo: 40 (arte), Warren Cutler. 40 (arriba), E.R. Degginger; (abajo), Patti Murray. 41 E.R. Degginger. 42 Fotografía original de la NASA impresa de una imagen digital © 1996 Corbis. 43 (arte), Robert Cremins. 43 (izquierda), Herb Segers; (derecha, ambas), E.R. Degginger. 44 (izquierda), Patti Murray; (arriba, derecha), E.R. Degginger; (abajo, derecha), John Pontier. 45 (arte), Carol Schwartz.
Más allá de nosotros: 46 (arte, todas), Robert Cremins. 46 Joe McDonald. 47 Fotografía original de la NASA impresa de una imagen digital © 1996 Corbis. 48 Fotografía original de la NASA impresa de un imagen digital © 1996 Corbis. 49 (arte, izquierda), Carol Schwartz; (arte, derecha), Robert Cremins. 49 C.C. Lockwood. 50 (izquierda), NASA; (derecha, de arriba abajo), Dr. Philip James, University of Toledo/NASA; NASA; NASA. 51 (arte), Carol Schwartz. 52 (izquierda), Hansen Planetarium; (derecha, ambas), Breck P. Kent. 53 (arte), Robert Cremins. 53 Jerry Schad/Photo Researchers. 54 (arte), Robert Cremins. 54 (superior), Akira Fujii; (inferior), Victoria de Bettencourt. 55 (arte), Robert Cremins. 55 John Lemker.
Páginas finales: 56 (arte, arriba), Robert Cremins; (arte, abajo), Carol Schwartz. 56 Pekka Parvianen/Science Photo Library/Photo Researchers. 57 (arte), Robert Cremins. 57 (arriba), Jean C. Neff/Houghton Mifflin; (abajo), Tass de Sovfoto. 60 C. Semner/National Center for Atmospheric Research

CUBIERTA: En una tormenta de agosto, los brillantes zigzagueos de un relámpago se estrellan contra las montañas de Tucson, Arizona.

Esta primera edición en español ha sido publicada en 2008 por
C.D. Stampley Enterprises, Inc.
1135 North Tryon Street
Charlotte, N.C. 28206 USA
Correo electrónico: info@stampley.com
ISBN 1-58087-127-5   Código Stampley G223
www.stampley.com

STAMPLEY
Hecho en Hong Kong